Carne Ahumada

y Grill

50 mejores recetas de comida ahumada

Eloisa Mulas

Reservados todos los derechos.

Descargo de responsabilidad

Tabla de contenido

INTRODUCCIÓN

si disfruta de una buena barbacoa de vez en cuando, se lo está perdiendo si no está con Traeger. Después de todo, Traeger's son parrillas de leña. Al final del día, la madera y el propano siempre ganan. El sabor de cocinar su carne en un fuego de leña o carbón le da es superior a cualquier otra cosa. Cocinar su carne en madera le da un sabor excelente.

Con cualquier otra parrilla de pellets, tendrá que monitorear constantemente el fuego para evitar brotes, lo que hace que sea un dolor de cabeza cuidar a los niños.Sin embargo, Traeger tiene tecnología incorporada para garantizar que los pellets se alimenten con regularidad. Para ver qué tan caliente está la parrilla, mide y agrega o quita leña a / pellets para controlar la temperatura Naturalmente, una parrilla Traeger tiene una perilla de control de temperatura fácil de usar

Puede elegir desde parrillas baratas hasta parrillas caras de Traeger. Elija uno entre 19,500 BTU o 36,000 BTU. Todo también es posible. El rendimiento de la parrilla varía con la intensidad de la parrilla.

No son solo parrillas. También son mezcladores. Toda la zona de cocción está oscurecida por campanas que se pueden bajar. El calor entra en el área de cocción Es probable que el aire caliente y el humo se distribuyan uniformemente mientras los alimentos se cocinan en la olla debido a esto.

Además, las parrillas Traeger también son un horno de convección. En términos generales, los de Traeger son bastante indulgentes. Solo para ilustrar ... puedes usar un Traeger para cocinar un bistec, así como una pizza. Aún más.

También usa menos energía. La configuración inicial requiere 300 vatios. pero solo el comienzo del proceso. Después de eso, la bombilla consume solo 50 vatios de potencia.

¿Qué es la barbacoa? ¿Fumar o asar a la parrilla?

Si y no. Aunque el uso más común del término "barbacoa" describe la parrilla del patio trasero, algunas personas tienen una definición diferente del término. La barbacoa se puede dividir en dos categorías: caliente y rápida y baja y lenta.

Asar a la parrilla generalmente utiliza un calor directo que oscila entre 300 y 500 grados. Hace un gran trabajo con bistec, pollo, chuletas y pescado. Mientras la comida se cocinará, debes vigilarla de cerca para evitar que se queme. No adquiere un sabor menos ahumado. Sobre todo, esta es una forma sencilla y agradable de cocinar; tiene mucho tiempo para pasar el rato con sus amigos y familiares durante la parrillada.

Es lento y lento. El calor y las temperaturas indirectas en un ahumador suelen oscilar entre 200 y 275. Si alguna vez has estado en Kansas City, Memphis o Texas, sabes de lo que estoy hablando. Un trozo de carne ahumado a fuego lento y poco ahumado puede tardar entre 2 y 15 horas en desarrollar completamente su sabor natural. Cuando observa una carne ahumada lentamente, el "anillo de humo" rosado significa que la carne ha estado en el ahumador durante mucho tiempo.

Cómo usar madera en los ahumadores de barbacoa

La esencia de una buena barbacoa es la madera. Es lo que le da sabor al plato. La madera fue una vez el único combustible disponible, pero controlar la temperatura y la cantidad de humo que llega a la carne es difícil. La mayoría de la gente usa hoy en día ahumadores de carbón, gas, pellets o eléctricos. La madera se agrega en trozos, gránulos o aserrín, y arde y produce una buena cantidad de humo.

El error más común de los principiantes es ahumar demasiado la carne. Los principiantes deben comenzar con una pequeña cantidad de madera y seguir avanzando. Es un error común pensar que debes remojar la madera antes de instalarla, pero no hace mucha diferencia. La madera no absorbe bien el agua y se evapora rápidamente. Cuando coloca leña empapada sobre carbón vegetal, se enfría y desea mantener la temperatura constante al ahumar carnes.

Dependiendo del tipo de madera que uses, el sabor que obtienes varía. El mejor tipo de madera es la madera seca y no verde. Es importante evitar las maderas que contienen savia como pinos, cedros, abetos, Chipre, abetos o secuoyas al elegir la madera. La savia imparte un sabor desagradable a la carne. Además, nunca se deben usar trozos de madera porque generalmente se tratan con productos químicos. No es buena idea ahumar una barbacoa. Nogal, manzano, aliso y mezquite son algunas de las maderas más populares. El nogal y el mezquite le dan a la carne un sabor poderoso, por lo que es mejor para carnes muy condimentadas como las costillas. La madera de manzana y aliso producen un humo más dulce y ligero que es ideal para carnes que no están demasiado condimentadas, como el pescado y el pollo.

Puede tirar las patatas fritas directamente con el carbón en un ahumador de barbacoa de carbón. Los trozos de madera funcionan mejor en parrillas de gas. Si tienes problemas para que los trozos de madera ardan sin llama, trata de envolverlos en papel de aluminio y cortar hendiduras en la parte superior. Coloque los trozos de madera en una bolsa de papel de aluminio sobre las brasas. En unos minutos, la madera debe comenzar a arder. Es fundamental incorporar la madera al proceso de ahumado de la barbacoa lo antes posible. Los embutidos absorben más fácilmente el humo.

Siempre debe pesar la cantidad de madera que coloca. Esto le permite ajustar la cantidad cada vez para lograr el efecto deseado. Dependiendo del grosor de la carne, la cantidad variará. Para las costillas, 8 onzas para pechuga y puerco desmenuzado, y 2 onzas para pollo, pavo y pescado, use aproximadamente 4 onzas de madera.

Si la madera comienza a arder o hay un humo de barbacoa prolongado, es posible que deba ser creativo. Para aislar aún más la madera, colóquela en una sartén de hierro sobre las brasas. Para los humos de barbacoa más prolongados, también puede hacer una bomba de humo. Llene una bandeja de aluminio con suficiente agua para cubrir las astillas de madera y la otra con suficiente agua para cubrir las astillas de madera. El que no está mojado comenzará a arder de inmediato. Cuando el agua del segundo se evapora, se encenderá y arderá. No tendrá que seguir abriendo la puerta para agregar más madera de esta manera.

CAPÍTULO UNO

Plato principal

1. Costillas de cerdo jamaicanas

Ingredientes

- 2000 g de costillas de cerdo
- 2 dientes de ajo
- 2 cebollas
- 4 chiles (frescos)
- 1 naranja (jugo)
- 2 cucharaditas de ron (blanco)
- 4 cucharadas de azúcar de caña
- 8 cucharadas de aceite vegetal
- 1/2 cucharadita de clavo en polvo
- 1/2 cucharadita de canela (molida)

- 1/4 cucharadita de condimento nuevo (molido)
- sal
- pimienta

Preparación

1. Para las costillas de cerdo jamaicanas, primero pele y exprima el ajo. Corta el ají en aros finos. Si desea que las costillas de cerdo sean menos picantes, retire las piedras de antemano. Pelar y picar finamente las cebollas.

2. Mezclar las especias con sal y pimienta. Agregue todos los demás ingredientes y revuelva bien. Coloque las costillas de cerdo en la marinada durante al menos 6 horas.

3. Retirar de la marinada, escurrir (pero recoger la marinada) y asar a fuego indirecto durante aproximadamente media hora. Dale la vuelta a las costillas de cerdo jamaicanas una y otra vez y úntalas con la marinada.

2. Costillas en adobo de cerveza

Ingredientes

- 2500 g de costillas de cerdo Para el adobo:

- 5 dientes de ajo (finamente picados)

- 1 cebolla (finamente picada)

- 250 ml de cerveza negra
- 1 cucharada de vinagre
- 3 cucharadas de aceite vegetal
- 2 cucharadas de sirope de arce
- 125 ml de salsa Worcestershire
- 2 cucharadas de harissa
- sal
- Pimienta (recién molida)

Preparación

1. Ponga todos los ingredientes para la marinada en una cacerola y lleve a ebullición. Luego déjelo enfriar.
2. Remoje las costillas en la marinada en el refrigerador durante la noche.
3. Al día siguiente, sacar del frigorífico media hora antes de usar.

4. Escurre las costillas y asa las costillas por todos lados durante unos 10-15 minutos.

3. Cevapcici

Ingredientes

- 1 kg de carne picada (mixta: aprox.100 g de cordero, 200 g de ternera, 700 g de cerdo)
- 1 cucharadita de azucar
- 1 cucharadita de refresco
- 1/2 cucharadita de pimienta
- 1 cucharadita de sal
- 2 cucharadas de aceite
- Cebollas (al gusto)

Preparación

1. Para la cevapcici, poner en un bol todos los ingredientes a excepción de las cebollas, amasar bien y dejar reposar unos 15 minutos.

2. Luego dale forma a cevapcici y colócalo en una bandeja para hornear. (Dado que la carne picada es lo suficientemente aceitosa, la bandeja para hornear ya no necesita ser engrasada). Cubra la bandeja con papel de aluminio y fría durante unos 20 minutos a fuego medio.

3. Mientras tanto, corta las cebollas en trozos pequeños. Luego sirva las cebollas crudas con la cevapcici.

4. Costillas de cerdo dulces ardientes

Ingredientes

- 1200 g de costillas de cerdo

- 1 lima (para servir)

- Para el adobo:

- 2 dientes de ajo

- 1 lima

- 1 guindilla (roja)

- 100 ml de sirope de arce

- 3 cucharadas de pasta de tomate

- 3 cucharadas de vinagre de sidra de manzana
- 1 cucharadita de pimentón en polvo (ahumado)

Preparación

1. Para las costillas de cerdo muy dulces, primero pele y exprima el ajo. Frote la cáscara de lima y exprima el jugo. Quita el corazón de la guindilla y pica finamente (si te gusta más picante, déjale las semillas). Mezclar todos los ingredientes para la marinada. Marine las costillas de cerdo durante la noche.

2. Precalentar el horno a 180 ° C. Escurrir las costillas de cerdo, pero recoger el adobo. Ase en el horno durante al menos 90 minutos hasta que la carne

esté tierna. Rocíe con la marinada en el medio.

3. Sirva costillas de cerdo dulces ardientes con rodajas de lima.

5. Alitas de pollo

Ingredientes

- 10 alitas de pollo

- Sal

- Pimienta (gruesa)

- Para el adobo:

- 3 cucharadas de sirope de arce

- 2 cucharadas de whisky

- 5 cucharadas de salsa de soja

- 1 cucharadita de chile en polvo

- 1 cucharada de jengibre (fresco, finamente rallado)

Preparación

1. Para las alitas de pollo, mezcle todos los ingredientes para la marinada.

2. Salar las alitas de pollo, verter la marinada sobre las alitas de pollo y dejar macerar durante la noche.

3. Prepara la parrilla. Primero asa las alas en la parrilla por el borde a fuego lento durante unos 15 minutos, untándolas con el adobo restante varias veces. Luego coloque en el medio de la parrilla y cocine a fuego completo durante unos 5 minutos para que las alitas se pongan crujientes.

4. Las alitas de pollo sazonan antes de servir con un poco de pimienta gruesa.

6. Brochetas de cerdo satay

Ingredientes

Para el cerdo:

- 600 g de fieltro de cerdo

- 2 cucharadas de aceite de maní

- 2 cucharadas de salsa de soja

- 2 limones (en gajos)

Para la salsa:

- 150 ml de leche de coco

- 1 cucharadita de pasta de curry (roja)

- 1 cucharada de miel (fina)

- 2 cucharaditas de mantequilla de maní

- 2 cucharaditas de salsa de soja
- 2 cucharadas de mayonesa light KUNER (25% de grasa)
- 1 lima (jugo)

Preparación

1. Para el satay de brochetas de cerdo, primero corte el filete de cerdo en trozos pequeños, colóquelo en un tazón mediano y agregue el aceite de maní y la salsa de soja. Coloque en el refrigerador durante 2 horas para marinar.

2. Calentar la leche de coco en una cacerola pequeña con la pasta de curry y cocinar unos minutos. Luego agregue la miel, la mantequilla de maní y la salsa de soja.

3. Sácalo del fuego y déjalo enfriar. Agrega la mayonesa y el jugo de lima y mezcla bien la salsa satay.

4. Ponga la carne de cerdo en 8 brochetas medianas. Precaliente una sartén o grill.

5. Asa las brochetas de cerdo en la sartén o en la parrilla durante 3-4 minutos por cada lado.

6. Unte la carne de cerdo con un poco de salsa satay y cocine a la parrilla durante otros 30 segundos por cada lado o hasta que la salsa se caramelice.

7. Las brochetas de cerdo satay sirven con la salsa satay restante y las rodajas de limón.

7. Filetes de salmón salvaje a la plancha con lima y guindilla

Ingredientes

- 4 filetes de salmón salvaje de primera calidad (descongelados)
- 1 bandeja grill

Para el adobo:

- 4 cucharadas de aceite de oliva Quality First Toscana
- 2 limas orgánicas

- 1 guindilla, sin hueso
- 1 diente de ajo
- 1 cucharadita de mar sal (gruesa)

Preparación

1. Para los filetes de salmón salvaje a la plancha con lima y guindilla, primero picar finamente la guindilla y luego presionar el ajo. Rallar la piel de las limas y exprimir la fruta. Mezcle todos los ingredientes en una marinada.

2. Pele la piel de los filetes de salmón y déjelos marinar en la marinada durante 30 a 60 minutos.

3. Prepara la parrilla. Coloque la bandeja de la parrilla sobre la parrilla caliente. Retirar los filetes de salmón de la marinada y escurrir bien. Coloque en la

bandeja para grill y cocine a la parrilla durante 3 a 4 minutos por cada lado.

4. Coloca los filetes de salmón a la plancha en platos y vierte el resto de la marinada sobre ellos.

5. Se sirven los filetes de salmón salvaje a la plancha con lima y guindilla.

8. Bife de lomo con pan de ajo

Ingredientes

- 500 g de lomo (aquí: de Scotch Beef & Scotch Lamb)
- Chimichurri (según la receta de baconzumsteak.de)
- ½ baguette
- aceite de oliva, ajo, sal y pimienta
- un poco de ensalada fresca

Preparación

1. Saque el bistec del refrigerador aproximadamente una hora antes de asarlo a la parrilla para que pueda alcanzar la temperatura ambiente. Se corta la capa de grasa y se frota la carne por ambos lados con sal marina gruesa.

Interrogatorio intenso

2. La parrilla se prepara para asar directamente a la parrilla a fuego alto y el bistec se asa a la parrilla utilizando el conocido método 90/90/90/90. Para este propósito, se utilizó la zona de chisporroteo del LE3 y luego se sacó la carne en la parrilla a poco menos de 150 ° C hasta una temperatura central de aprox. 54 ° C. Mientras tanto, se mezcla el aceite de oliva con un poco de sal, pimienta y dos dientes de ajo prensados y se extiende sobre la baguette cortada. El pan se asa brevemente a la parrilla y luego se distribuye sobre la ensalada. Agrégale un poco de chimichurri. El bistec estaba muy jugoso y tenía buen sabor.

La sal y la pimienta apoyan perfectamente el sensacional sabor de la carne.

9. Spring burger à la Sauerland BBCrew

Ingredientes

- 600 g de carne molida (para dos hamburguesas)
- 8 rebanadas de queso cheddar (u otro queso picante)
- 1 tomate
- 6 rebanadas de tocino
- cebollas
- ensalada
- cohete
- sal pimienta

- bollos de hamburguesa (posiblemente tostadas o pan para la porción intermedia)
- salsa chipotle

Preparación

1. Primero sazona la carne molida con sal / pimienta y la mezcla bien. La carne picada se usa luego para formar empanadas de 150 g. La mejor manera de hacer esto es con una prensa de hamburguesas. La salsa chipotle también se prepara con anticipación.

Interrogatorio intenso

2. La parrilla se prepara para asar directamente a 200 - 230 ° C. Las hamburguesas se asan primero por un lado durante 3-4 minutos y luego se dan

la vuelta. El queso se coloca ahora en el lado ya asado para que fluya bien. Mientras tanto, asa el panecillo intermedio por ambos lados para que quede agradable y crujiente, así como el tocino. Después de otros 3-4 minutos, las hamburguesas están listas.

3. Luego se cubre la hamburguesa: la parte inferior del panecillo se cubre primero con la salsa de chipotle y se planta el primer panecillo en la parte superior. Esto se cubre con 2 rodajas de tomate y un poco de ensalada verde. Ahora viene la parte intermedia, con ella tomas medio bollo (o tostadas o pan también es posible). Luego se cubre con la salsa chipotle. Coloca la segunda

empanada encima, luego el tocino, unas cebollas y un poco de rúcula. La mitad superior del pan se cubre con la salsa y la hamburguesa doble de ternera está lista: ¡carne jugosa y picante, tocino crujiente y salsa picante!

10. hamburguesa griega

Ingredientes

- 150 g de carne molida
- Queso feta
- Cebolla (roja)
- Pepperoni
- Aceitunas
- 1 cucharada de Gyros Rub
- Sirtaki
- Bollos de hamburguesa
- Tsatsiki

Preparación

1. Primero se mezcla la carne molida con la salsa gyros (1 cucharada por hamburguesa). La carne picada se amasa bien para que la especia se distribuya uniformemente. Esto luego se usa para formar empanadas de 150 gramos, que se hace mejor con una prensa para hamburguesas.

Interrogatorio intenso

2. La parrilla está preparada para asar directamente a la parrilla a 200 - 230 ° C. Las hamburguesas primero se asan a la parrilla durante 4 - 5 minutos por un lado y luego se dan la vuelta. Después de otros 4 a 5 minutos, las hamburguesas están listas. Luego se cubre el bollo: primero esparce tsatsiki

en la mitad inferior del bollo y cúbrelo con ensalada. Luego, se pone encima la empanada, se vuelve a cubrir con tzatziki y se completa la hamburguesa con unos cubos de queso feta, pepperoni, cebollas y aceitunas: ¡la hamburguesa griega está lista!

CAPITULO DOS

Carne de cerdo

11. Asado de repollo Bamberger

Ingredientes

- 500 g de col blanca

- 3 cucharadas de manteca de cerdo

- 2 cebollas (finamente picadas)

- 250 g de cerdo (cortado en cubitos)

- 500 g de carne picada (mixta)

- 2 cucharadas de semillas de alcaravea

- sal

- pimienta

- 125 ml de vino blanco

- 200 gramos de tocino; ahumado (con 4 porciones 7 rodajas estrechas)

Preparación

1. Retire las hojas exteriores de la cabeza de la col. Retire el tallo con un cuchillo de cocina afilado, luego blanquee el repollo durante 10 minutos en agua hirviendo. Escurrir en un colador. Pele con cuidado 3 hojas grandes de cada porción, corte el repollo restante en trozos pequeños.

2. Caliente 2/3 de la manteca de cerdo en una cacerola. Freír las cebollas, el cerdo y la carne picada. Mezclar con la col picada, sazonar con alcaravea, sal y

pimienta. Vierta el vino; déjelo reposar durante 10 minutos.

3. Engrase un plato para gratinar y extiéndalo con 2 hojas de col cada uno. Vierta la cantidad estofada, cubra con las rodajas de tocino restantes. Ponga la manteca restante encima en hojuelas.

4. Saltee el asado de Bamberg en el horno caliente a 225 ° C durante aprox. 45 minutos.

12. Carrillera de cerdo sobre ensalada de

lentejas

Ingredientes

- 1000 g de carrillada de cerdo
- 20 g de mantequilla clarificada
- 2 cebollas
- 2 dientes de ajo
- sal
- pimienta
- 1 especia de laurel
- 2 dientes

- Granos de pimienta
- 0.5 cucharaditas de semillas de cilantro
- 1 tomillo
- 1000 ml de sopa clara (instantánea)
- Plato de 200 g de lentejas
- 60 g ahumado, rayado
- 200 g de verduras mixtas (por ejemplo, zanahorias, calabacines)
- 4 cucharadas de vinagre balsámico
- 4 cucharadas de aceite

Preparación

1. Picar el chicharrón y la grasa de la carne. Corta la carne en 4 trozos.
2. Freír en la manteca de cerdo. Picar la cebolla y el ajo. Agrega la mitad a la

carne. Agrega especias. Vierta 1/2 litro de sopa clara, cocine por 45 minutos. Enjuague las lentejas, saltee en la sopa clara restante durante 30 minutos. Omita el tocino cortado en cubitos.

3. Agrega el resto de las verduras picadas, el ajo y la cebolla. Cocine al vapor suavemente durante 5 minutos. Envíe las lentejas escurridas. Probar. Sirve todo.

4. Consejo de Armin Rossmeier: haz lentejas en agua mineral.

5. Debe pedir las carrilleras de cerdo con anticipación a su carnicero. Cuando se preparan en forma de caldo de ave caliente, se mantienen jugosos y no se

filtran. Remojar las lentejas el día anterior en agua mineral.

13. Ensalada de tomate con cerdo a la plancha

Ingredientes

- 1 cebolla

- 2 dientes de ajo

- 4 cucharadas de aceite de oliva

- 60 ml de jerez

- 2 cucharadas de jugo de limón

- 1 cucharadita de orégano seco

- sal

- pimienta del molino

- 500 g de lomo de cerdo pardo listo para cocinar

- cilantro molido

- 6 tomates

Pasos de preparación

1. Pelar la cebolla y el ajo, cortar la cebolla en tiras y picar finamente el ajo. Sudar juntos en 1 cucharada de aceite en una sartén caliente hasta que

estén transparentes. Desglasar con el jerez y el jugo de limón, retirar del fuego, espolvorear con orégano y sazonar con sal y pimienta.

2. Enjuague la carne, séquela y córtela en rodajas finas de 0,5 cm. Sazone con sal, pimienta y cilantro, rocíe con 2 cucharadas de aceite y cocine por ambos lados en la parrilla caliente durante 3-4 minutos.

3. Lavar los tomates, cortar el tallo y cortar los tomates en rodajas. Colóquelo en una fuente grande o en 4 platos. Extienda la carne encima, rocíe el aderezo con el resto del aceite y déjela reposar durante unos 10 minutos antes de servir.

14. Cerdo a la parrilla con ensalada mixta

Ingredientes

- 1 kg de cuello de cerdo
- 2 cucharadas de miel
- 1 jugo de limón
- 4 cucharadas de aceite de oliva
- 1 cucharadita de pimentón dulce noble

- hojuelas de chile

- Para la ensalada

- 150 g de lechuga mixta zb frisée, achicoria, lechuga de cordero

- 4 cucharadas de vinagre balsámico blanco

- sal

- 1 pizca de azúcar

- 6 cucharadas de aceite de girasol

Pasos de preparación

1. Enjuague el cuello de cerdo, séquelo y córtelo en 8 rebanadas aproximadamente igualmente delgadas. Mezclar la miel con el jugo de limón, el aceite, el pimentón y las hojuelas de guindilla y mezclar bien la marinada con las rodajas de carne en un bol. Tapar y

dejar reposar en el frigorífico al menos 2 horas.

2. Precaliente el horno a la función grill.

3. Lavar y limpiar la lechuga, escurrir bien y arrancarla en trozos pequeños. Mezcle el vinagre balsámico con sal y azúcar y agregue el aceite.

4. Asa los filetes en una rejilla en el horno (debajo de la bandeja de goteo) durante 2-3 minutos por cada lado.

5. Mezclar la ensalada con el aderezo y distribuirla en platos. Agregue el cerdo a la parrilla y sirva espolvoreado con las hojas de hierbas rotas.

15. Brochetas a la parrilla

Ingredientes

Para el adobo

- 4 dientes de ajo picados

- ½ cucharadita de sal

- 1 limón

- 5 hojas de salvia picadas

- 1 cucharadita de hojas de tomillo picadas

- 1 cucharadita de aguja de romero picada

- 3 cucharadas de perejil picado

- ½ cucharadita de pimienta blanca
- 250 ml de aceite de oliva

Para la carne

- 400 g de ternera
- 300 g de carne de cerdo
- 300 g de ternera de la pierna
- 300 g de cebollas
- 1 pimiento rojo
- 1 pimiento verde

Pasos de preparación

1. Mezcle todos los ingredientes para la marinada. Cortar la carne en dados y colocarla en el adobo. Tapar y dejar reposar durante 1 hora. Entregue en el medio. Pelar y cortar las cebollas en octavos. Corta los pimientos en cuartos,

2. Eliminar núcleos y particiones. Corta los pimientos en trozos grandes. Ponga la carne, las cebollas y los trozos de pimiento alternativamente en los pinchos. Coloque en la parrilla y cocine a la parrilla por cada lado durante aprox. De 6 a 8 minutos (según el tamaño), dé la vuelta y cepille con la marinada.

16. Brochetas de cerdo y tocino

Ingredientes

Para el chapuzón

- 1 chalota

- 1 manzana

- 100 g de puerro

- 1 cucharada de aceite vegetal

- 2 cucharaditas de curry en polvo

- ½ cucharadita de comino molido

- 100 ml de caldo de verduras

- 100 ml de nata montada

- 100 g de yogur natural

- sal

- pimienta de cayena

- jugo de limon

- 1 cucharada de cilantro recién picado

Para las brochetas de carne

- 600 g de filete de cerdo listo para cocinar

- 12 rebanadas de tocino de desayuno

- sal

- pimienta del molino

- 2 cucharadas de aceite vegetal

Pasos de preparación

1. Para la salsa, pelar la chalota y cortarla en dados finos. Lavar y picar la manzana. Limpiar, lavar y cortar el puerro. Rehogar todo en una cacerola en aceite caliente. Espolvorear con curry y comino y verter sobre el caldo y la nata. Cocine todo hasta que esté suave y luego haga un puré finamente. Agregue el yogur y sazone con sal, pimienta y jugo de limón. Para servir, rellene los tazones y decore con cilantro recién picado.

2. Lave la carne, séquela, párela si es necesario y córtela en 12 medallones del mismo tamaño. Envuelva cada medallón con una rebanada de tocino, sazone con sal y pimienta y pegue 2 medallones en una brocheta de madera.

3. Precalienta el horno a 180 ° C de temperatura superior e inferior. Calentar el aceite en una sartén y sofreír las brochetas de carne brevemente y picantes. Retirar y cocinar en el horno precalentado en 8-10 minutos.

4. Coloca las brochetas en platos y sirve la salsa de curry.

17. Barbacoa: Costillas con salsa de miel

Ingredientes

- 2000 g de costillas de cerdo (costillas peladas, cortadas en 2-3 costillas)

- 3 manojos de verduras para sopa

- 2 dientes de ajo

- 3 cucharadas de aceite

- 1 cucharada de salsa Worcestershire o salsa de soja

- 3 cucharadas de Paradeismark

- 1 cucharada de miel

- 1 cucharada de naranjas (jugo)

- 2 cucharaditas de granos de pimienta

- 1 guindilla; o 1 cucharadita de Tabasco

- 3 cucharadas de salsa de soja

- 1 cucharada de salsa de tomate

Preparación

1. Cubra la carne con las verduras para sopa limpias y picadas en trozos grandes, un poco de sal y granos de pimienta y cocine durante unos 15

minutos. Presione el ajo con la guindilla picada y sin hueso, revuelva 1 cucharada de aceite y el resto de los ingredientes. Unte la carne con la marinada y déjela en remojo durante al menos 4 horas (un día es mejor).

2. Antes de asar a la parrilla, limpie la marinada repetidamente con el cepillo.

3. Cepille las costillas de cerdo ligeramente con aceite y luego cocine a la parrilla por todos lados durante unos 20 minutos. Hacia el final del tiempo de asado, esparza la marinada y termina de asar hasta que las costillas estén caramelizadas y crujientes.

18. costillas a la barbacoa

Ingredientes

- 300 ml de salsa de tomate
- 250 g de miel
- sal
- pimienta
- 1 chupito de Tabasco
- 2 cucharaditas de orégano (seco)
- 20 ml de vinagre de vino blanco
- 2 cucharadas de Paradeismark
- 1 cucharada de pimienta de cayena

- 1200 g de costillas peladas (de cerdo, enteras)

Preparación

1. Para las costillas BBQ, primero mezcle la salsa de tomate con miel, sal y tabasco, orégano, pimienta, vinagre y pulpa de tomate hasta obtener una salsa.

2. Picar la grasa del cuadrado. Frote con sal y pimienta y pimienta de cayena.

3. Ase a fuego medio durante 20 minutos por cada lado, volteando varias veces hacia el otro lado. Primero unte un poco de salsa sobre las costillas, luego cepille la parte superior. Repite este proceso hasta que se acabe la salsa.

4. Las costillas de cerdo a la barbacoa se preparan mejor en la parrilla. El tiempo de cocción a la parrilla es de aproximadamente 45 a 50 minutos. Al preparar en el horno, cocine en el horno calentado a 220 grados durante un total de 40 minutos. Proceda de la misma forma que para asar a la parrilla.

19. Carrilleras de cerdo del ahumador

Ingredientes

- 0,5 kg carrilleras de cerdo (4 piezas)
- Salsa BBQ de tu elección
- 300 - 500 ml de vino tinto

Preparación

1. Las carrilleras de cerdo se sazonan con un aderezo de su elección y luego se marinan durante 12 a 24 horas.

Interrogatorio intenso

2. El ahumador / grill se prepara para asar indirectamente a 100 ° C. En la primera fase, las carrilleras de cerdo se ahuman suavemente durante 3 horas. Para la segunda fase, la temperatura de la parrilla se aumenta a 140 ° C.La carne se coloca en un recipiente adecuado, en el que se vierte vino tinto para cocinar al vapor. Ponga un poco de salsa BBQ

sobre las mejillas y luego cierre el recipiente. Las carrilleras de cerdo se cuecen al vapor durante 2 horas. En la última fase, la carne se retira del caparazón y se asa a la parrilla a 100 ° C. Se puede fregar 1 o 2 veces con la mezcla de vino tinto y salsa. Después de un total de 6 horas, las carrilleras de cerdo del ahumador están listas: ¡increíblemente tiernas y jugosas!

20. Sándwich de cochinillo

Ingredientes para

- cochinillo (precocido),

- un pan,

- hojas de canónigos,

- cebollas,

- pepinos

- Tomates,

- salsa BBQ

Preparación

1. El cochinillo congelado se descongela lentamente en el frigorífico el día

anterior a la parrilla. La lechuga de cordero, el pepino y los tomates se lavan y se preparan para la cobertura del sándwich. La cebolla se corta en aros.

Interrogatorio intenso

1. La parrilla (u horno) se calienta primero a 120 ° C de calor indirecto. La carne se coloca en un plato ignífugo lleno de agua con un inserto para que la grasa gotee en el agua. La carne se fríe de esta manera durante unos 60 minutos. Para darle a la corteza un acabado perfecto, se aumenta la temperatura a aprox. 200 ° C después de 60 minutos. Ahora es importante que obtenga suficiente calor superior para la corteza. Si es

necesario, también puede colocar la carne con la corteza hacia abajo directamente sobre el fuego. Después de unos 15 minutos, la corteza debería estar lista. Pero aquí, por favor, actúe de acuerdo con sus sentimientos para que la corteza no se queme, ¡sería una pena! Las rebanadas de pan se tuestan brevemente por ambos lados a fuego directo.

CAPÍTULO TRES
Pescado

21. Fletán a la plancha

Ingredientes

- 4 fletán
- Aceite de oliva (para adobo)
- 8 rebanada (s) de tocino de hamburguesa
- 4 rodajas de limón
- Romero (para la marinada)
- Ajo (para la marinada)
- Pimienta (para el adobo)

Preparación

1. Para el fletán a la parrilla, cubra los filetes de fletán con la marinada de hierbas. Coloque una rodaja de limón en cada filete y envuelva el pescado en tocino. Ase a fuego directo.

22. Besugo a la plancha

Ingredientes

- 4 pedazos de mar brema
- 2 piezas de limón
- 3 cucharadas de tomillo
- 4 cucharadas de mar sal
- 200 ml de aceite de oliva
- 4 cucharadas de pimienta de limón
- Condimento para barbacoa

Preparación

1. Para el mar a la brasa dorada, mezclar los ingredientes en una marinada y marinar la dorada durante al menos 30 minutos. Luego coloque el pescado en la parrilla y sazone con una especia BBQ mientras asa.

2. Asa el pescado hasta que la piel esté crujiente. El besugo a la plancha se sirve un plato y se sirve.

23. Lubina a la plancha con patatas al

perejil

Ingredientes

- 2 pedazos de mar lubina (entera, lista para asar, aprox.250 g cada una, excluida)
- Condimento de pescado (o condimentos adecuados: sal, pimienta, pimentón, hierbas, jugo de limón)
- aceite de oliva
- 8-10 patatas

- perejil
- manteca
- sal

Preparación

1. Para la lubina a la plancha, lave el pescado y séquelo; frote con las especias y el aceite de oliva y déjelo reposar un poco (1-2 horas, si lo desea, también durante la noche).

2. Luego coloque el pescado en una taza de aluminio para parrilla y cocine en el horno durante unos 10 minutos (un poco menos según el color), luego voltee y cocine nuevamente durante unos 10 minutos.

3. Para las patatas con perejil, cocine las patatas hasta que estén blandas,

pélelas y córtelas por la mitad o un cuarto. Derretir la mantequilla en una sartén, agregar el perejil picado y sofreír brevemente. Pon las patatas en la mantequilla, sazona con sal y agita la sartén con fuerza para que todo se mezcle bien.

4. Plato de lubina a la plancha con patatas al perejil.

24. Trucha a la plancha

Ingredientes

- 1 pieza de trucha (aprox.300 g, lista para cocinar)
- Sal (para frotar)
- 1 ramita (s) de romero
- 1 rama (s) de hisopo
- 1 ramita (s) de estragón
- 1 ramita (s) de orégano
- 7 hojas de salvia
- Un poco de albahaca de limón

Preparación

1. Para las truchas a la parrilla, primero lave las truchas, séquelas y frótelas con sal por dentro y por fuera. Introduzca las hierbas en la cavidad abdominal y sujete el pescado con unas pinzas para pescado.

2. Ase a la parrilla durante unos 15 minutos, dándole vueltas con frecuencia.

25. Caballa a la plancha

Ingredientes

- 1 pieza de caballa
- Hojas de lechuga
- 3 cucharadas de sal
- 1 cucharadita de wasabi (en polvo o en tubo)
- 1 cucharada de salsa de soja
- limón

Preparación

1. Para la caballa, escalar, lavar y quitar las entrañas.

2. Corta el pescado en rodajas hasta la aleta dorsal con un cuchillo, luego puedes extender el pescado plano. Sal por ambos lados del pescado y déjalo reposar un poco.

3. Freír el pescado salado por dentro en la parrilla precalentada y aceitada. Si lo está asando en el horno, también precaliente la bandeja para hornear engrasada.

4. Extienda las hojas de lechuga en un plato, coloque encima la caballa a la plancha y cúbrala con perejil y rodajas de limón.

5. La salsa de wasabi se sirve por separado.

26. Anchoas a la plancha

Ingredientes

- 1 kg de anchoas
- un poco de sal (gruesa)
- un poco de aceite de oliva
- 1 ramita (s) de romero

Preparación

1. Para las anchoas a la plancha, primero limpiar las anchoas, quitar las branquias y cortar las cabezas.

2. Haga un corte en el costado a lo largo de la columna y seque bien con una

toalla de papel. Sal las anchoas solo por fuera con sal gruesa.

3. Calentar bien el grill y engrasar un poco con aceite de oliva. Freír las anchoas por ambos lados durante 3 a 5 minutos. Dar la vuelta al pescado solo una vez. En el medio, unte con la ramita de romero mojada en aceite de oliva.

4. Asa las anchoas hasta que la piel esté dorada y crujiente.

5. Las anchoas a la plancha sirven de inmediato.

27. Filete de gallineta nórdica a la plancha en hoja de plátano

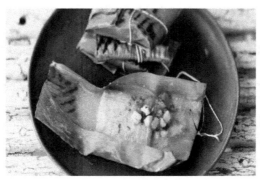

Ingredientes

- Hojas de banana
- 800 g de gallineta nórdica
- Hierbas culinarias (por ejemplo, eneldo, albahaca, toronjil)
- 4 dedos de ajo
- 200 ml de vino blanco
- cáscara de naranja
- 100 ml de aceite
- vinagre

- pimienta
- sal

Preparación

1. Para el filete de gallineta nórdica a la plancha en hoja de plátano, primero filetee la gallineta y coloque los filetes en un plato plano. Calentar el aceite y tostar brevemente el ajo, las hierbas y la ralladura de naranja. Apagar con el vino blanco y vinagre y cocinar unos 2 minutos. Enfriar y distribuir uniformemente sobre los filetes de pescado mientras aún estén tibios. Cubrir con film transparente y marinar durante al menos 2 horas.

2. Cortar las hojas de plátano en trozos de 20 cm de largo y escaldarlas en agua

con sal durante 30 segundos. Coloque los filetes de pescado escurridos encima. Sazone el pescado con pimienta y sal y luego dóblelo en un paquete.

3. Ase los paquetes por ambos lados durante unos 2 minutos y déjelos reposar en la parrilla durante otros 4 minutos. Sirve el filete de gallineta nórdica a la plancha en la hoja de plátano.

28. Brochetas de mango de rape

Ingredientes

- 600 g de filetes de rape

- 2 mangos maduros

- 1/2 limón (sin tratar)

- 2 ramitas de perejil

- 4 cucharadas de aceite de oliva

- sal

- Pimienta (recién molida)

- Palillos de madera

Preparación

1. Para las brochetas de mango de rape, enjuague los filetes de rape con agua fría y séquelos. Cortar en cubos aprox. 3 x 3 cm.

2. Frote un poco de cáscara de limón y exprima el jugo. Retirar las hojas de perejil de los tallos y picar finamente. Mezclar el aceite de oliva con el jugo de limón, el perejil, la sal y la pimienta hasta obtener una marinada. Coloca los dados de rape y cúbrelos bien con la marinada. Cubra y deje enfriar durante al menos 30 minutos.

3. Pelar los mangos y quitarles el hueso. También córtelo en cubos. Colocar los dados de rape y mango alternativamente en las brochetas.

4. Las brochetas de rape y mango en la parrilla de barbacoa caliente unos 12 minutos, mientras se dan vuelta con frecuencia.

29. Brochetas de pescado de la parrilla

Ingredientes

- 600 g de filete de abadejo

- 1 cucharada de jugo de limón

- 1 lata (s) de piña

- 4 cebollas

- 1 pimiento morrón

- sal

- Pimienta (recién molida)

- 4 brochetas de madera (empapadas en agua)

Para el chapuzón:

- 1 paquete de crème fraîche

- 2 cucharadas de mayonesa

- 1/2 cucharadita de curry en polvo

- 1 cucharada de jugo de piña

- sal

- Pimienta (recién molida)

Preparación

1. Enjuagar los filetes de abadejo, secarlos, cortarlos en trozos pequeños y rociarlos con el jugo de un limón.

2. Ponga la piña en un colador y escurra - recoja el jugo.

3. Retire la piel de las cebollas y córtelas por la mitad.

4. Limpiar, enjuagar y cortar el pimiento en trozos.

5. Coloque los ingredientes alternativamente en brochetas y sazone con sal y pimienta. Cepille con aceite y cocine a la parrilla durante 10 a 15 minutos, dándole vueltas con frecuencia.

6. Revuelva la crème fraîche con el majo hasta que quede suave y sazone con sal,

pimienta, curry en polvo y jugo de piña.

Lleva la salsa de curry a las brochetas

de la mesa.

30. Salmón de la tabla de cedro

Ingredientes

- 1 filete de salmón

Para el adobo

- 1 cucharada de mostaza

- 1 cucharada de mantequilla (derretida)

- 1 cucharada de miel

- cada 1 pizca de sal, pimienta

Preparación

1. Aproximadamente 1 hora antes de asar a la parrilla, ponga la tabla de cedro en agua. Lo mejor que puede hacer es pesarlo con un objeto para que absorba suficiente agua. Mientras tanto, saca el salmón del refrigerador y déjalo que alcance la temperatura ambiente. Por último, pero no menos importante, mezcla los ingredientes de la marinada con la que posteriormente se cubrirá el filete de salmón.

Interrogatorio intenso

2. La parrilla está preparada para asar directa e indirectamente a una

temperatura de 180 ° C.Una vez alcanzada la temperatura, coloque la tabla de cedro húmeda en el lado directo de la parrilla y espere hasta que comience a humear (después de 10-15 minutos). Entonces la plancha está lista para el salmón. La tabla de cedro se voltea y se empuja hacia la zona indirecta. Los filetes de salmón ahora vienen en el lado "carbonizado" y se cubren generosamente con la marinada. Luego se cierra la tapa y los filetes se asan a la parrilla durante unos 20-25 minutos hasta que la superficie esté agradable y marrón o el pescado haya alcanzado una temperatura central de 58-60 grados Celsius.

CAPÍTULO CUATRO

Aves de corral

31. Rollitos de queso crema de pavo

Ingredientes

- 4 rebanadas de pechuga de pavo
- 5 g de mezcla de condimentos para aves
- 15 aceitunas negras
- 4 tomates secados al sol
- 150 g de queso crema
- 1 cucharada de pan rallado
- 1 cucharada de hierbas de la Provenza

Preparación

1. Para esta receta necesitamos lonchas de pechuga de pavo lo más finas posible. Para ello, se vuelven a trabajar las rodajas de pechuga de pavo con un batidor, similar al conocido del escalope, hasta que queden uniformemente finas.

2. La carne finamente machacada se espolvorea con la mezcla de especias de aves. Luego se trata del relleno, cortar los tomates y las aceitunas en trozos pequeños y mezclarlos con el queso crema. Para mejorar la consistencia de esta masa, se le agrega pan rallado.

3. Unte las rodajas de pavo con la mezcla de queso y espolvoree con hierbas de la

Provenza. La rebanada de carne terminada ahora debe estar enrollada. Es importante que la rebanada de carne esté bien enrollada, de lo contrario podría desmoronarse en la parrilla.

4. Para que nuestro rollo de pechuga de pavo brille no solo en términos de sabor, sino también estéticamente en la parrilla, hacemos un pincho de rollo con el rollo. Cortar el rollo en trozos de aprox. 3 cm de ancho y pinchar 3-4 piezas planas.

32. Pechuga de pato a la plancha

Ingredientes

- 2 filetes de pechuga de pato á 350 g
- 1 cucharadita de azucar
- 1 cucharadita de pimentón en polvo
- 1 cucharadita de ajo en polvo
- 1/2 cucharadita de hojuelas de chile
- 1/2 cucharadita de comino
- Un poco de sal y pimienta
- 5 cucharadas de aceite de oliva

Escabeche

- Hacemos un adobo picante a base de azúcar, pimentón, ajo, guindilla, comino y aceite de oliva. Frote bien las dos pechugas de pato y déjelas reposar durante aproximadamente media hora.

Preparación

1. Antes de asar, la capa de grasa de la pechuga de pato debe cortarse ligeramente con un cuchillo afilado. La parrilla debe estar bien precalentada. Asamos la pechuga de pato durante dos minutos por ambos lados a fuego directo. Luego continuamos asando indirectamente durante unos diez minutos. El termómetro central debe mostrar una temperatura de 68

grados, entonces la pechuga de pato es perfecta.

2. Cortar la pechuga de pato en rodajas y servir con lechuga de cordero.

33. Pollo Café-Ciruela

Ingredientes

- 2 cucharadas de café Cannonball Rub
- 2 cucharadas de ciruelas secas
- 2 cucharadas de aceite de oliva
- 1 cucharada de sirope de arce
- 2 cucharaditas de mermelada de ciruela

Preparación

1. Pica las ciruelas secas y mezcla todos los ingredientes en una marinada, que luego llenas con los muslos en una bolsa para congelar. Selle la bolsa y masajee la marinada en la carne. Ahora todo está en el refrigerador durante al menos 1-2 horas.

2. Asa las piernas de pollo a unos 200 grados en el rango indirecto. Después de unos 35-40 minutos, la temperatura

central es de 80 grados. Dependiendo de cómo te guste más, puedes dejar que la piel se arrugue brevemente con calor directo.

34. Pechuga de pato a la plancha

Ingredientes

- 2-3 pechugas de pato

- 10 ramitas de tomillo

- 2 cucharadas de aceite de oliva

- sal

- Pimienta (recién molida)

Preparación

1. Para la pechuga de pato a la parrilla, enjuague las pechugas de pato con agua fría y séquelas con cuidado.

2. Arranca las hojas de tomillo de los tallos y pica finamente. Mezclar el aceite de oliva con el tomillo picado, sal y pimienta hasta obtener un adobo. Coloque las pechugas de pato en la marinada y déjelas reposar.

3. Dorar las pechugas de pato en la parrilla caliente primero por el lado de la piel, la piel debe estar realmente crujiente. Dar la vuelta y freír también el lado de la carne. Coloque 3 piezas de papel de aluminio en la superficie de trabajo. Ahora saca las pechugas de pato de la parrilla y envuélvelas en papel de aluminio. Colocar de nuevo en la parrilla y freír durante unos 12 minutos. La carne de pato aún debe

estar tierna y rosada por dentro.

Mientras tanto, gírelo a menudo.

35. Pechugas de pollo a la plancha marinadas en hierbas

Ingredientes

- 125 g de QimiQ
- 50 g de aceite de oliva
- 50 ml de agua
- 1 cucharada de azúcar (morena)
- 40 g de hierbas (frescas, picadas)
- 3 diente (s) de ajo (finamente picado)
- 3 cucharadas de jugo de limón
- 1 cucharada de Tabasco
- sal
- pimienta
- 8 piezas de pechugas de pollo

Preparación

1. Para las pechugas de pollo a la parrilla en adobo de hierbas, revuelva el QimiQ sin enfriar hasta que quede suave;

trabajar lentamente en el aceite de oliva.

2. Agregue los ingredientes restantes y mezcle bien. Marine la carne preparada en el refrigerador durante 3-4 horas.

3. Quite la salsa de especias de la carne, colóquela en la parrilla y unte una y otra vez con la marinada ligeramente tibia.

4. Sirva las pechugas de pollo asadas en adobo de hierbas.

36. Pollo asado al horno holandés

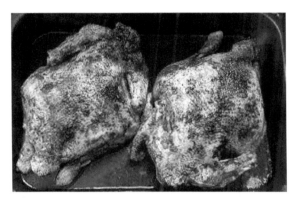

Ingredientes

- 1 pollo (listo para cocinar)
- 4 patatas
- 1 zanahoria
- 1 rodaja (s) de apio
- 1 cebolla
- 1 cucharada de mantequilla clarificada
- 1 cucharadita de pimentón en polvo
- sal
- Pimienta (recién molida)

- sopa clara para verter debajo

Preparación

1. Para el pollo asado del horno holandés, enjuague el pollo por dentro y por fuera con agua fría y séquelo. Retire la columna vertebral con un cuchillo afilado. Mezclar la sal y el pimentón y frotar el pollo por dentro y por fuera.

2. Pelar las patatas y los tubérculos y cortar en trozos grandes, cortar la cebolla en cuartos. Extienda la mantequilla clarificada en el fondo del horno holandés, coloque el pollo encima con la abertura hacia abajo y coloque las papas, cebollas y trozos de verduras por todos lados. Freír durante aprox. 1 $\frac{1}{2}$ horas a buen fuego superior. Si

coloca la olla en las brasas calientes, vierta sopa debajo de ella con frecuencia para que el pollo no se queme.

3. Corta el pollo asado. Si es necesario, corte la carne de la pechuga en trozos, los nudillos se pueden tomar con la mano.

37. Brochetas de pollo al curry

Ingredientes

- 18 piezas de pollo (cortado en cubos)

- 1 chorrito de aceite de oliva

- 1 cucharadita de curry

- 1 cucharadita de sal

- 1 diente de ajo

- 4 rodajas de calabacín (amarillo)

- 1 manzana

- 3 pimientos (rojos, pequeños)

Preparación

1. Para las brochetas de pollo al curry, mezcle la marinada con aceite de oliva, curry, sal y un diente de ajo machacado.

2. Enrolle los trozos de pollo. Coloque en el refrigerador durante al menos 1 hora.

3. Decore las brochetas alternativamente con rodajas de calabacín en cuartos, carne y manzana. Finalmente, se ensarta un pimiento pequeño en cada brocheta.

4. Es mejor asar las brochetas de pollo al curry terminadas en la parrilla en una taza para parrilla. Coloque los trozos de manzana restantes en la taza de la parrilla con él.

38. Pechuga de pollo con tocino y menta

Ingredientes

- 2 filetes de pechuga de pollo (sin piel)
- 4 rebanada (s) de tocino
- 10 hojas de hierbabuena
- Para el roce:
- 1 cucharadita de azúcar de caña en bruto (orgánico)
- 1 cucharadita de sal de roca (no yodada)
- 1 cucharadita de pimentón en polvo (dulce noble)

- pimienta
- 1/2 cucharadita de apio (seco, rallado)
- 1 diente de ajo (grande)

Preparación

1. Para la pechuga de pollo con tocino y menta, primero frote. Para ello, mezcle bien todos los ingredientes y exprima el diente de ajo.

2. Corte los filetes de pechuga de pollo, córtelos en aproximadamente 2/3 a lo largo y frótelos completamente (también por dentro). Coloque en el refrigerador durante al menos 2 horas.

3. Coloque las hojas de menta parcialmente en el bolsillo interior y encima. Envuelva cada uno con 2

rebanadas de tocino y fíjelo con palillos de dientes. Precalentar el ahumador a 180 ° C.

4. Ase la pechuga de pollo con tocino y menta indirectamente durante unos 25 minutos, hasta que el tocino esté crujiente.

39. Brochetas de pavo

Ingredientes

- 300 g de pechuga de pavo
- 3 cucharadas de aceite
- 2 cucharadas de salsa de soja
- 2 calabacines
- 200 g de champiñones
- 2 pimientos

Preparación

1. Corta la pechuga de pavo en cubos. Mezclar el aceite y la salsa de soja,

marinar los cubos de carne durante 30 minutos.

2. Corta el calabacín, los champiñones y los pimientos en trozos pequeños.

3. Escurrimos un poco la carne y la colocamos en las brochetas alternando con las verduras.

4. Unte la marinada restante en las brochetas, colóquelas en una bandeja para hornear y cocine a la parrilla en el horno durante unos 15 minutos, volteando una vez.

5. Organizar y servir las brochetas.

40. Alitas de pollo con helado de miel de arce

Ingredientes

- alitas de pollo
- semillas de sésamo

Para el adobo:

- 4 cucharadas de aceite de oliva
- 2 cucharadas de salsa de pollo
- Miel-Arce-Glaseado

Preparación

1. Las alitas de pollo se lavan y se secan con palmaditas. Luego se frota con la marinada y se refrigera durante al menos 2 horas para que las especias puedan absorberse. Los ingredientes para el glaseado también se mezclan de la misma manera.

Interrogatorio intenso

2. La parrilla está preparada para asar directa e indirectamente a aprox. 230 - 250 ° C. Las alitas de pollo se asan primero a fuego directo durante 6

minutos, dándoles la vuelta a los 3 minutos. Ahora colocas las alas en la zona indirecta y las cocinas a la parrilla durante otros 10 minutos. Luego, cubre las alitas por completo con el glaseado y asa las alitas durante otros 5 minutos. Luego, las alitas de pollo se glasean nuevamente y se espolvorean con semillas de sésamo. Después de otros 10 minutos, las alitas están listas.

CAPITULO CINCO

Verduras

41. Brochetas de maíz y laurel

Ingredientes

- 2 mazorcas de maíz cocidas (lata o envasado al vacío)
- 10 hojas de laurel frescas
- 1 cucharada de aceite de oliva
- pimienta con limón
- sal
- 1 pizca de azúcar

Pasos de preparación

1. Escurrir la mazorca de maíz y cortar cada una en 6 rodajas.

2. Coloque el maíz y las hojas de laurel alternativamente en 4 brochetas de parrilla.

3. Cepille todo alrededor con el aceite y dore en el borde de la parrilla caliente durante 10-15 minutos, girando de vez en cuando. Condimente con limón, pimienta, sal y una pizca de azúcar y sirva.

42. Berenjena a la plancha

Ingredientes

- 20 g de sésamo sin pelar (2 cucharadas)
- 9 cucharadas de pasta de miso roja
- 70 g de azúcar de caña en bruto
- 4 cucharadas de mirin

- 2 cucharadas de vinagre de arroz

- 6 cucharadas de caldo de verduras clásico

- 2 cucharadas de salsa de soja ligera

- 800 g de berenjenas grandes (2 berenjenas grandes)

- 3 cucharadas de aceite de colza

Pasos de preparación

1. Tostar las semillas de sésamo en una sartén pequeña a fuego medio hasta que estén doradas. Sácalo del fuego y déjalo enfriar.

2. Ponga el miso, el azúcar, el mirin, el vinagre de arroz, el caldo de verduras y la salsa de soja en una cacerola pequeña. Lleve a ebullición a fuego

medio mientras revuelve y luego reserve.

3. Lavar las berenjenas, secarlas y cortarlas por la mitad a lo largo. Corta la pulpa transversalmente en las superficies cortadas. Calentar el aceite en una sartén antiadherente grande.

4. Freír las mitades de berenjena una tras otra en las superficies cortadas hasta que estén doradas durante 3-4 minutos. Dar la vuelta y tapar en la sartén a fuego medio durante otros 3-4 minutos hasta que esté suave. Luego, coloque con la piel hacia abajo en una bandeja para hornear.

5. Unte con la mezcla de mirin y miso y ase durante 4-5 minutos bajo la parrilla del horno precalentado. Espolvorea con semillas de sésamo y sirve.

43. Mazorca de maíz a la plancha con parmesano

Ingredientes

- 4 mazorcas de maíz
- sal
- 1 pizca de azúcar
- 50 g de parmesano (1 pieza)
- 1 lima

- 2 cucharadas de aceite de girasol
- 30 g de mantequilla de yogur (2 cucharadas)
- sal marina
- Chile en polvo

Pasos de preparación

1. Limpiar la mazorca de maíz y cocinar a fuego lento en agua hirviendo con sal y azúcar a fuego lento durante unos 15 minutos.

2. Mientras tanto, ralle el parmesano. Lavar la lima con agua caliente y cortarla en cuartos.

3. Sacar la mazorca de maíz de la olla y escurrir. Luego extienda una fina capa de aceite y cocine a la parrilla en la

parrilla caliente durante 10 minutos, volteando ocasionalmente.

4. Cubra la mazorca de maíz con hojuelas de mantequilla, sazone con sal y chile y espolvoree con parmesano. Sirve los cuartos de lima con la mazorca de maíz.

44. Patatas a la plancha con hierbas

Ingredientes

- 800 g de patatas cerosas

- sal

- 1 rama de romero

- 1 diente de ajo

- 1 chalota

- 6 cucharadas de aceite de oliva

- aceite para la parrilla

- hierbas frescas mezcladas para decorar

- 1 cucharada de jugo de limón para rociar

Pasos de preparación

1. Lave bien las patatas y cocínelas previamente en agua hirviendo con sal durante unos 20 minutos.

2. Mientras tanto, calienta la parrilla.

3. Lavar el romero, agitar para secar, quitar las agujas y picar finamente. Pelar el ajo y la chalota, también picar finamente y mezclar con el romero, el aceite, la sal y la pimienta.

4. Escurre las papas, déjalas evaporar, córtalas por la mitad, mézclalas con el aceite de hierbas y colócalas con la superficie cortada hacia abajo sobre la parrilla caliente y aceitada. Ase

durante 3-4 minutos, voltee y ase durante otros 3-4 minutos. Cepille con el resto de la marinada una y otra vez.

5. Sirva las papas con hierbas frescas, rocíe con jugo de limón y sirva inmediatamente.

45. Espárragos verdes a la plancha

Ingrediente

- 1 kg de espárragos verdes
- sal
- azúcar

- 50 g de mantequilla derretida
- pimienta del molino
- 1 limón sin tratar cortado en gajos.

Pasos de preparación

1. Pelar el tercio inferior de los espárragos, cortar los extremos leñosos y pre-cocinar los palitos en agua hirviendo con sal con una pizca de azúcar durante 3 minutos. Escurrir, enjuagar con agua fría y dejar escurrir.

2. Calentar la parrilla.

3. Asa los espárragos en la parrilla caliente durante 3-5 minutos, volteándolos de vez en cuando. Disponer en un plato, espolvorear con mantequilla, sazonar con sal, pimienta y

servir adornado con una rodaja de limón cada uno.

46. Tomates cuscús a la plancha

Ingredientes

- sal

- 2 cucharadas de aceite de oliva

- 200 g de cuscús instantáneo

- 50 g de piñones

- ½ perejil traste

- 1 manojo de cebolletas

- 30 g de pasas sultanas

- 1 cucharadita de pimentón rosa fuerte

- 1 cucharadita de canela

- pimienta

- 1200 g de tomates (6 tomates)

Pasos de preparación

1. Llevar a ebullición 250 ml de agua con sal con el aceite. Retirar del fuego y verter el cuscús.

2. Remover brevemente y tapar y dejar en remojo durante 5 minutos.

3. Poner en un bol y esponjar con un tenedor.

4. Tostar los piñones en una sartén sin grasa.

5. Lavar el perejil, agitar para secar, picar las hojas. Limpiar, lavar y cortar en rodajas finas las cebolletas.

6. Mezclar el cuscús con los piñones, el perejil, las cebolletas, las pasas, el

pimentón y la canela. Condimentar con sal y pimienta.

7. Lava los tomates. Corta una tapa y raspa las semillas con una cucharada.

8. Sazone el interior de los tomates con sal y pimienta y rellénelos con el cuscús. Vuelve a ponerte las mantas.

9. Asa los tomates en una bandeja para grill ligeramente engrasada a fuego medio durante 10 minutos. Cubre los tomates con un recipiente de metal (o ásalos a la parrilla debajo de una parrilla hervidor cerrada, si tienes una).

47. Calabacín a la plancha con queso de oveja

Ingredientes

- 600 g de calabacín
- 3 dientes de ajo
- 8 cucharadas de aceite de oliva
- sal
- pimienta
- 150 g de queso feta (45% de grasa en materia seca)
- 2 tallos de menta para decorar

Pasos de preparación

1. Limpiar y lavar el calabacín y cortar en diagonal en aprox. Rodajas de 0,7 cm de grosor. Pelar y picar el ajo y mezclar con el aceite, sal y pimienta, rociar con las rodajas de calabacín y dejar reposar durante 1 hora aproximadamente.

2. Mientras tanto, desmenuce el queso feta en trozos, lave la menta, agite y retire las hojas. Caliente la parrilla, coloque las rodajas de calabacín en la parrilla caliente y cocine a la parrilla durante 6 a 8 minutos mientras gira. Rocíe con el aceite de ajo una y otra vez. Espolvoree con queso feta y sirva en platos, adornado con menta.

48. Brochetas de verduras Halloumi

Ingredientes

- 200 g de halloumi

- 1 calabacín

- 2 cebollas rojas

- 1 pimiento rojo

- 1 pimiento amarillo

- 4 hojas de laurel

- 1 cucharadita de orégano recién picado

- 1 cucharadita de tomillo recién picado

- 4 cucharadas de aceite de oliva

- 1 diente de ajo machacado

- sal

- pimienta del molino

Pasos de preparación

1. Cortar el queso en cubos de 2 cm. Lavar los calabacines, quitarles el tallo y cortarlos en rodajas de 1 cm de grosor. Pelar y cortar en cuartos las cebollas. Lavar los pimientos, quitarles el

corazón y cortarlos en cubos del tamaño de un bocado.

2. Coloque los ingredientes alternativamente en las brochetas, con una hoja de laurel entre ellos, si lo desea.

3. Mezclar las hierbas con el aceite, el ajo, la sal y la pimienta y cubrir las brochetas. Déjelo reposar brevemente.

4. Prepare la parrilla de carbón o precaliente la parrilla en el horno.

5. Coloque las brochetas en la rejilla (con la bandeja para hornear debajo) y ase hasta que estén doradas durante 10 a 15 minutos, dándoles vuelta con frecuencia.

49. Alcachofas a la plancha con perejil

Ingredientes

- 1 diente de ajo

- 3 cucharadas de aceite de oliva

- 16 corazones pequeños de alcachofa

- 1 cucharada de jugo de limón para rociar

- sal pimienta del molino

- 2 cucharadas de perejil picado

Pasos de preparación

1. Pelar el diente de ajo, picarlo muy fino y mezclarlo con el aceite.

2. Limpiar las alcachofas dejando reposar parte del tallo y pelarlas. Cortar las alcachofas limpias a lo largo en rodajas de aproximadamente 1 cm de grosor y rociar inmediatamente con jugo de limón. Sal, pimienta y asa a la parrilla durante aprox. 2 minutos por ambos lados (alternativamente, sofreír en un poco de aceite de oliva en una sartén grill).

3. Retirar de la parrilla y colocar en un bol, rociar con el aceite de ajo y servir tibio mezclado con perejil.

50. Zanahorias a la plancha

Ingredientes

- 800 g de zanahorias
- 3 cucharadas de aceite de oliva
- ½ cucharadita de miel líquida
- 1 ½ cucharada de jugo de naranja
- ½ cucharadita de orégano seco
- sal marina
- pimienta

Pasos de preparación

1. Limpiar, pelar y cortar por la mitad las zanahorias a lo largo. Mezclar el aceite con la miel, el jugo de naranja y el

orégano. Cepille la superficie cortada de las zanahorias con ella y colóquela en la parrilla caliente.

2. Cierra la tapa y asa las zanahorias durante unos 6 minutos. Sazone con sal, pimienta y sirva en 4 platos.

CONCLUSIÓN

Cada vez que cocine a la parrilla, debe tomar una decisión importante sobre el tipo de leña a utilizar. La carne de res, cerdo, aves y mariscos tienen diferentes sabores dependiendo de la madera. También es cierto que determinadas maderas están asociadas y complementan tipos específicos de carne.

Muchos de los mejores expertos en barbacoas guardan silencio cuando se trata de revelar sus secretos exactos porque asar a la parrilla o ahumar con leña es una parte muy importante de su repertorio. Todo, desde el tipo de madera que usan hasta sus propias recetas de salsa, hasta cómo sazonan la carne antes de asarla, pueden convertirse en armas secretas en su búsqueda por mantenerse en la cima del mundo de las barbacoas.

Lightning Source UK Ltd.
Milton Keynes UK
UKHW020417070521
383233UK00001BA/126